Pour préparer ton baptême
Mamé

Direction : Guillaume Arnaud
Direction éditoriale : Sarah Malherbe, Sophie Cluzel
Édition : Olympe Richez

Direction artistique : Élisabeth Hebert assistée d'Ariane Bienaymé
Mise en page : Les PAOistes
Fabrication : Thierry Dubus, Gwendoline Da Rocha

15-27, rue Moussorgski, 75895 Paris Cedex 18
www.mameeditions.com

ISBN : 978-2-7289-1931-4
MDS : 531 346
N° d'édition : 17140-04

« Loi n° 49-956 du 16 juillet 1949 sur les publications destinées à la jeunesse. »

Photogravure : Point 4
Imprimé en juillet 2017 par Publikum en Serbie.
Dépôt légal : avril 2014

Karine-Marie Amiot * Florian Thouret

Prune & Séraphin vont à un baptême

MAME

Aujourd'hui, Prune et Séraphin sont invités au baptême de Gaspard, le petit frère d'Anatole et Lucie.

« Pleure pas, bébé, dit Séraphin. C'est un jour de fête ! Regarde ! Tu as de la chance… Tout le monde est venu pour toi !
– Ton parrain et ta marraine, dit Anatole.
– Et même ton doudou ! » dit Prune.

« Petit Gaspard, nous sommes très heureux
de t'accueillir dans la maison de Dieu », dit le prêtre.
Puis, avec son doigt, il dessine la croix des chrétiens
sur son front.

C'est au tour d'Anatole et Lucie de faire le même geste.
« Moi aussi je peux ? demande Séraphin.
– Et moi ? » s'écrie Prune.

Prune ouvre grand ses oreilles pour écouter
les lectures, mais elle s'écrie :
« Je ne comprends rien du tout.

– Viens sur mes genoux, lui dit Maman. Ce texte un peu compliqué raconte la grande histoire d'amour de Dieu avec les hommes.
– Toi aussi, tu m'aimes ? demande Prune tout bas.
– De tout mon cœur, ma Prunette chérie. »

A
Ω

Le prêtre appelle les enfants :
« Approchez-vous Anatole, Lucie, Prune et Séraphin ! »

Dans ses mains, il prend l'eau qui donne la vie de Dieu
puis il la verse sur le front de Gaspard en disant :
« Je te baptise au nom du Père et du Fils
et du Saint-Esprit. »

Le papa de Gaspard est très fier. Il prend son bébé dans ses bras et il le porte haut, très haut !
Tout le monde chante et tape dans ses mains. Lucie danse.
« Tu touches le ciel, bébé Gaspard ! » crie Prune.
Séraphin prend Prune dans ses bras pour faire pareil et il s'écrie :
« Toi aussi, Prunette, le jour de ton baptême, tu as touché le ciel ! »

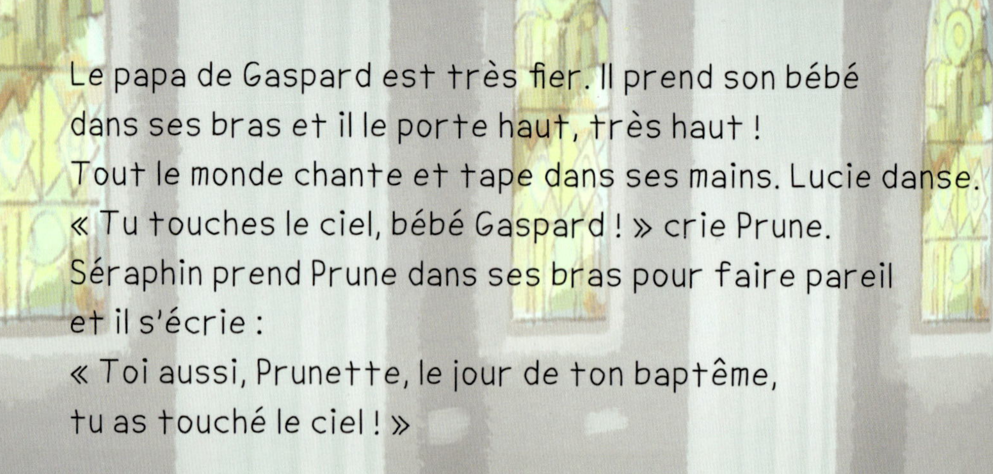

Sur le front de Gaspard, le prêtre met un parfum qui donne beaucoup de force.
« Hum… ça sent bon… » disent les enfants.

Il donne au parrain et à la marraine de Gaspard un grand cierge allumé.

« Moi, explique Séraphin à Anatole, la bougie de mon baptême, elle est dans mon coin prière et je vais la garder toute ma vie... »

Gaspard gigote dans tous les sens.
« Arrête de bouger, lui dit Anatole.
Tu vas mettre ta belle robe blanche.

– Oh ! Tu es rigolo comme ça, bébé ! s'écrie Prune.
– Gaspard porte une robe de fête, explique la maman d'Anatole et Lucie. Aujourd'hui, il commence une vie toute nouvelle avec Dieu.

– Maintenant, tu as mérité un bon biberon ! dit Lucie.
– Moi, je préfère les gâteaux, dit Anatole, il y en a plein à la maison ! »

C'est la fête chez Anatole et Lucie. Prune et Séraphin font les petits fous et jouent beaucoup.

« Regardez ! s'écrie Anatole. Gaspard a reçu plein de cadeaux.

– Des livres, une croix, dit Lucie.

– Et une médaille avec Marie, s'écrie Prune émerveillée.

– Il a aussi reçu un cadeau qui ne se voit pas avec les yeux, continue le papa d'Anatole et Lucie. C'est... la vie avec Dieu ! Et c'est ça, le plus beau des cadeaux ! »